Tom de Toys

AF239239

DER LETZTE BESTSELLER

ULTIMATIVE GEGENWARTSLYRIK

Hrsg. G&GN-INSTITUT 2023

Tom de Toys (*1968) aus Jülich. Entwickelte im Zeitraum vom 5.5. bis zum 21.6. des Jahres 1989 aufgrund seiner LOCHISMUS-Erfahrung die antimetaphorische "*Direkte Dichtung*", gründete daraufhin 1990 das G&GN-Institut, entdeckte 1994 die "*Erweiterte Sachlichkeit*" zur Repolitisierung echter Liebeslyrik gegen den Etikettenschwindel, gewann 2000 den 1.Nahbellpreis und erfand 2001 die **Quantenlyrik**. 2019 erfolgte die Reaktivierung seiner Nondualjazz-Musikreform von 1986 "*Das desinteressierte Klavier*". Beruf(ung): Digitalassistenz.de

Über das Buch: Während der Vor- und Nachbereitungsphase der legendären Bücherei-Lesung "*POESIEPANDEMIE: LYRIK LEBT WEITER!*" (@LyrikLebt.de) entstanden in einem einzigartigen Schaffensrausch derart viele extrem "*ungesunde*" lyrische Manifeste, dass es für 2023 nicht beim Gedichtband "*SYMPTOMFREI OFFLINE*" bleiben konnte. Seit 2014 erschienen bislang über 30 Publikationen im BoD-Verlag. Das vorliegende Buch zeugt von der gnadenlosen Ehrlichkeit einer brutalen **Neuropoesie**, die sich über weit mehr empört und für viel mehr engagiert als es sowohl dem klassischen Neurotiker als auch dem klimafizierten Demonstranten bewusst ist: Schockierende Wahrheiten, die im literarischen Underground kursieren und die normalen Bestseller als Mängelexemplare enttarnen!

Das G&GN-INSTITUT (eigentlich: "*Institut für Ganz & GarNix*") wurde 1990 in Köln-Efferen gegründet und dient dem Maler, Performer, NONDUALJAZZ-Pianist, Fotograf, Herausgeber, Rezitator, Redakteur, Eventmanager und Neuropoet De Toys zur neurosoziologischen Erforschung der Möglichkeiten von Kunst und Literatur, den zivilisatorischen Prozess der Menschheit nachhaltig zu beeinflussen, ohne von institutionalisierter Förderung abhängig zu sein: G-GN.de

www.GEGENWARTSLYRIK.de

ISBN 978-3-7578-1723-7
2. erweiterte Auflage im September 2024
Verlag: BoD . Books on Demand GmbH, In de Tarpen 42, 22848 Norderstedt
Druck: Libri Plureos GmbH, Friedensallee 273, 22763 Hamburg

"In der gesamten Entwicklung der digitalen Bildung wird
immer noch nicht genügend erkannt, welche Bedeutung
die Auseinandersetzung mit den spirituellen Fundamenten
unserer Zivilisation einnimmt. Ein rein technologisches
Fortschreiten hin zu einer vollständig virtuell gesteuerten
Arbeitswelt wird die Menschen ebenso seelisch zerstören wie
es seit Jahrzehnten bereits auf traditionelle Weise geschieht.
Die Politik muss auch EXISTENZIELLE LEBENSFRAGEN/
RATGEBER in der digitalen Lebenswelt verankern, damit
die Menschheit nicht technokratisch verblödet."

Pier Zellin, in: IMMUN – JEDER MENSCH IST EIN DIPLOMAT (2020)

"Die Technik kann ein Segen sein und die Natur kann sehr grausam sein.
Aber beides ist dieselbe Materie. Beides benötigt kein extra Ego, um zu
sein, was es ist. Eine Bombe kann fliegen wie ein Vogel (aber ein Vogel
fällt selten vom Himmel), ein Mensch kann rumstehen wie ein Fels (aber
Felsen können normalerweise nicht sprechen). Alles kann sein, was es
gerade IST. Alles ist einfach nur das, was es jetzt gerade IST. Null Yoga
nötig. Null Meditation. Null Erleuchtung. Wacher als wach kann das
Universum nicht sein! Wenn die lachenden Soldaten beider Parteien nur
noch Konfettibomben regnen lassen, um gemeinsam Karneval zu feiern,
und die leidenden Felsen sich wie alte Leute über ihre Abnutzungs-
erscheinungen durch den Fluss unterhalten, dann weißt du, ES IST SO
WEIT: die Welt ist wieder im Lot, die Balance wieder hergestellt und wir
können aufatmen – alles ganz knapp nochmal gut gegangen, das
Leben ist doch kein Alptraum, ab heute dürfen wir es laut sagen: DIE
LIEBE HAT GESIEGT! DIE VISIONÄRE UND MYSTIKER WAREN DOCH KEINE
ESOTERISCHEN SPINNER! DAS UNIVERSUM IST SICH SEINER SELBST
BEWUSST GEWORDEN – und feiert den ewigen Frieden mit allen,
die ihre Anwesenheit auf der Party bemerken!"

Liga der Leeren, in: KEIN YOGA FÜR NIEMAND (2022)

I N H A L T © POEMiE™

2 2   U L T I M A T I V E   G E G E N W A R T S G E D I C H T E

www.POESIEPREIS.de

TRILOGIE METAPOETOLOGISCHER PARADOXIE

1

totgeschwiegene
diskutieren über das
totschlagargument

2

totgeglaubter satz
erscheint in der reklame
referenzbefreit

3

falsche haikus
wie spiritualität
von ichenden ichs

NOBELPREIS MIT 75

ich lebe wie es sich für einen dichterfürst gehört
mit einer badewanne die keinen nachbarn stört
in meiner küche kocht der kaffee frisch gemahlen
ich kann die wasser-, strom- und nebenkosten zahlen
für alles habe ich unendlich viel freizeit und
bin in jedem augenblick für einen auftritt längst bereit
das fernsehen zeigte auch schon interesse
es ging um goethe, rilke, heine, hesse
die emailbox war plötzlich voller netter angebote
war ich etwa wirklich... der einzige nicht tote?
auch in stockholm ahnte niemand den betrug:
der medienrummel reichte – für einen preis genug!
die presse kaufte meine selbstverlegten publikate
von all dem geld bezahlte ich die allerletzte rate
dann erschien die skandalöse autobiografie
"in SEINER wohnung war es immer sonnig hell.
hier schrieb ER dank der poesieroutine schnell.
veröffentlichen konnte ER die werke aber nie."
die wohnung war auch nur ein kleines zimmer
von der verzweiflung hast du keinen schimmer
jeden euro investierte ich für alte bücher denn
die bildung war mir wichtiger als brötchen
um mich für projekte zu inspirieren denn
um mich herum sah ich nur vertrocknete tücher
ja ich kann tatsächlich originelle metaphern
auch der rhythmus stimmt und all die reime
das genügt den bürgerlichen gaffern
eine prise binnenreim (natürlich keimfrei)
und aseptische alliterationen doch das
darf man dann nach zwanzig jahren belohnen
und der steuerzahler hat es sich durchaus verdient
den mehrwert der kultur für sich zu steigern denn das
land der großen dichter ist mit sprachverlust vermint
da sind wir froh um alle die sich nicht verweigern
auf dem grabstein steht in fetten lettern
DEINE FREUNDE EMPFANGEN DICH
AUF ÜBERWELTLICHEN BRETTERN
der sarg ist eine badewanne voller glück
die andern intonieren jetzt sein letztes stück und
dank des preises brauchen seine falschen erben nicht
in einer badewanne (das glück von den rändern) abzukratzen

SCHÖNES NEUES HAIKU

korken knallen laut
literatur will nur die
babys beschallen

GEHEIMER LYRIKAGENT

wenn ich geheimagent wäre
würde P nicht mehr leben
es wäre dieselbe pflicht wie
damals ein attentat auf H
aber ich bin ja nur ein D
aus D in D und habe
keine gültige stimme
im politspektakel
wo panzer über
gedichte rollen

UNDICHTES GEDICHT
(HOMMAGE AN DAS SCHWEIGEN DES UNIVERSUMS)

all die ungefragten fragen
all die unbeantwortbaren antworten
all die nicht thematisierten themen
all die nicht visionierten visionen
all die ungelogenen lügen
all die selbstverlogenen selbstlügen
all die tabuisierten tabus
all die ungesprochenen gespräche
all die sprachlosen sprachen
all die wunschlosen wünsche
all die sehnsuchtsfreien sehnsüchte
all die unsachlichen sachzwänge
die unfreien freiheiten
die gedankenlosen gedanken
undankbaren danksagungen
ungedachten gedenktage
die kleingeredeten großen gefühle
der endlosen unendlichkeiten
der entleerten leere
außermenschlicher menschlichkeit

DAS LEERE GESICHT
(DIE IDENTITÄT DES DICHTERS ...WIRD ÜBERBEWERTET)

das ist das kinn
das flieht dahin
das ist die lippe
(darin steckt 'ne kippe)
die hängt an der klippe
das ist die wange
wo is' denn die zange
sieht aus wie 'n karnickel
aber is'n pickel
das ist die nase
sie dient als vase
das sind die augen
die das licht saugen
das sind die lachfalten
nicht nur bei alten
das sind die brauen
die schützen das schauen
das ist die stirn
die wartet aufs hirn
das sind die haare
die der tod bewahre
das ist der schädel
von keinem mädel
ich bin die stimme
bis ich verglimme

CHRONISCHES (ABLENKUNGS)MANÖVER

panzer rollen hier
schon vor der raderfindung
wird der tod vertuscht

LYRIKVERFEHLUNG

am welttag der
poesie wird
die literatur in
diesem gedicht
bestreikt
auf unserer seite
finden sie einen
fahrplan zur
ersatzlyrik mit
unverbindlicher
preisempfehlung

SUPERBÖSES GEDICHT
(FÜR BESONDERE MENSCHEN)

das hier wird garantiert kein sogenanntes liebesgedicht obwohl
liebesgedichte natürlich auch böse ausfallen können aber hier geht es
ausnahmsweise nicht um die liebe sondern um eine einfache mitteilung
an meine mitbürger in diesem land aber auch überall sonst wo man als
mensch hingelangt wie zum beispiel auf den mond oder mars wo man
auf jeden fall daran denken sollte was ich jetzt kundtue damit es zu
keiner bösartigen verwechslung kommen kann MEIN BÜRGERLICHER
NAME ist thomas holzapfel (wie ich der f.a.z. bereits 1997 für das analoge
autorenportrait verriet und dann 2011 auf der jimdoseite im internet
erstmals in der digitalen vita erwähnte) ich bin 1968 in jülich an der rur
ohne h geboren wo ich "1984" die filmmusik von eurythmics zum
berühmten roman von georg orwell kaufte und den noch berühmteren
roman "schöne neue welt" von aldous huxley las weshalb ich mir für mein
erstes gedicht 1985 das KÜNSTLERPSEUDONYM TOM DE TOYS zulegte und
zu meditieren begann weil sich die letzten fragen ans leben im bewusst-
sein breitmachten und erst zur ruhe kamen als ich nach fast 30 jahren
bemerkte daß niemand mehr da war der diese fragen hätte haben
können zu diesem zeitpunkt lebte DER MENSCH schon in düsseldorf eller
süd und war neben seinen freizeitaktivitäten als performer lyriker künstler
fotograf filmer pianist und selfpublisher rein beruflich auch noch kurator
organisator eventmanager onlineredakteur taxichauffeur apotheken-
kurier digitalassistent alltagsbegleiter betreuungskraft blogger fahrgast-
begleiter und langzeitarbeitsloser ü50 mit berechtigung zur teilnahme an
der maßnahme CHANCE AUF TEILHABE bei der ganz besondere jobs an
besondere menschen vermittelt werden um wieder im berufsleben fuß
zu fassen und am gesellschaftlichen leben teilzuhaben das ich so sehr
vermisse diese ganze kultur diese vielen leute die möglichkeiten jeden
tag eis essen zu gehen ins kino theater restaurant auf konzerte kongresse
festivals sonstige veranstaltungen zum frisör oder einfach nur dekadent
auf der parkbank abhängen mit einem guten schluck rotwein einem
teuren stück käse einem nach brot duftendem biobrot vom biobäcker
und echten freunden die einen wirklich verstehen und sich für das
interessieren was einen tatsächlich bewegt denen man schonmal ein
gedicht vorlesen kann ich meine ein eigenes selbstgeschriebenes über
ganz eigene frei gewählte wichtige themen und poetologische ansätze
literaturtheorien und historische seelenverwandtschaften stilistische
unterschiede gemeinsamkeiten entdeckungen überraschungen

sensationen skandale posthume ehrungen halleluja nobelpreise büchner
bachmann aber nur für angebliche prosa veröffentlichungen bei rowohlt
dumont kiwi und suhrkamp und tagesschau scheisse ich glaube wir
haben die tagesschau schon verpasst vielleicht läuft ein tatort dort
werden ja auch manchmal gedichte rezitiert es gibt sogar kinofilme in
denen die lieblingslyriker der regisseure namentlich und mit text-
beispielen ganz nebenbei im dialog oder im hintergrund einer szene
unscheinbar unauffällig fast unbemerkt wie ein bonmot ein gedicht wird
zum filmzitat oh yeah poesie goes hollywood das ist fantastisch das ist
unglaublich wenn einer irgendwo auf dieser welt in seiner bruchbude
sitzt und dabei dichtet und drei jahre später rezitiert john travolta oder
bruce willis das unbekannte gedicht auf der großleinwand wow hier wird
literatur unters volk gebracht hier werden die tiefsten gedanken die
geheimsten gefühle die abwegigsten überlegungen die verbotensten
vorstellungen verrückten metaphern aus dem mund eines stars geatmet
den jeder gern küssen möchte ein kitschiges liebesgedicht aus dem
munde von sandra bullock oder gesellschaftskritische politlyrik von brad
pitt die rezensenten überschlagen sich in den talkshows reden sie nur
noch von zeitgenössischer gegenwartslyrik die debatten im bundestag
kreisen um das gedicht denn hier wurde schlussendlich die wahrheit in
glasklare worte verpackt so daß schließlich ein jeder begreifen kann um
was es eigentlich geht es gibt formulierungen in dem werk die viral
gehen kein tag vergeht ohne daß textstellen von influencern zur ver-
marktung von beautyprodukten verwertet werden lizenzen für einzelne
zeilen oder das ganze gedicht gehen an aldi lidl netto penny die welt
wird verschönert der ganze gewöhnliche alltag wird aufgehübscht jeder
bürger ja jedes kind lernt das gedicht in der schule auswendig in den
büchereien stehen neue regale mit allen publikationen die das gedicht
erwähnen dissertationen anthologien und reprints des handschriftlichen
faksimiles sekundärliteratur wohin das auge reicht bis zum ende des
gangs ein regal an das andere bäm bäm bäm ich kann es vom café
aus sehr gut überblicken durch die offene glastür hindurch sehe ich das
gesamte ausmaß dieser erfolgsstory während der filterkaffee in einer
türkisen tasse vor mir darauf wartet daß ich ihn mit dem gedicht bezahle
es ist wieder welttag der poesie oder welttag des buches oder welttag
der welttage die institutionen überschlagen sich vor lauter feierlichkeiten
im café läuft koreanische chilloutmusik ich bin hier safe ich kann ge-
dankenlos aus dem fenster schauen und das gedicht vergessen dieses
gedicht das sie uns ins gehirn hämmern egal wo wir uns zu verstecken
versuchen es ist überall es verfolgt uns sogar in den träumen und quillt

aus den wasserhähnen und zahnpastatuben es steigt aus den heißen quellen am neuseeländischen strand die isländischen elfen im moor singen das gedicht im chor und die touristen am niagarafall lauschen dem gedicht aus der ferne im rauschen der gischt du kannst dir die ohren zuhalten die augen ausstechen die bedruckten kleider vom leib reißen das gedicht ist in die geschichte der menschlichen zivilisation absolut irreversibel eintätowiert es tut weh und das muss es auch es muss so richtig weh tun es muss einen tinnitus auslösen der dich zerreißt damit du die literatur endlich lieben lernst wie big brother im zimmer 101 das gedicht ist gleichermaßen für alpha plus diktatoren und gamma minus idioten geeignet es ist das allerletzte folterinstrument der pop-industrie um uns endgültig zu hypnotisieren und in der poetisierten matrix zu versklaven dieses gedicht ist so böse daß sich kein gott diesem heiligen fluch entziehen kann dieses böse gedicht ist so böse so böse so böse böse böse böses gedicht du böses gedicht du böses böses böses gedicht amen

PAMPHLET ZUR RETTUNG DER KULTURÄMTER

Ich betone hier nochmal in aller Ausdrücklichkeit daß wir das ortsansässige Kulturamt unbedingt brauchen und unterstützen sollten als Künstler Kulturschaffende und Vertreter aller Disziplinen der Kreativbranche müssen wir in geschlossener Geschlossenheit dafür sorgen daß das Kulturamt auch weiterhin über die Runden kommt und verzichten daher auf sämtliche Honorare und Projektförderanträge um demonstrativ zu demonstrieren wie wichtig die Existenz dieser Arbeitsplätze im Kulturamt sind da sie die Kultur repräsentieren in der wir leben und die wir selber nicht nur lieben sondern sogar machen darum werde ich niemals müde immer wieder und wieder zu sagen und das tue ich hier und jetzt mit aller Nachdrücklichkeit **DAS KULTURAMT MUSS BLEIBEN** und zwar genau so wie es ist denn es funktioniert als Struktur außergewöhnlich perfekt wie man an auffällig vielen Projektbeispielen erkennen kann ohne das einzigartige Kulturamt gäbe es keine Infrastruktur für die Verwaltung all jener Kulturbeamten die sich tagtäglich in ihren Büros bemühen DIE STRUKTUR DER KULTUR zu bewahren indem sie die Strukturen pflegen die sie bewahren und die Bewahrung der Pflege strukturieren für diese kulturpolitische Leistung benötigen sie unsere ganze Aufmerksamkeit und den großen Dank aller Kulturmanager und Institutionen die sich auf kulturelle Werte berufen ohne das Wertesystem von Kulturämtern gäbe es all diese Institutionen nicht mehr und die Kultur wäre ein völlig chaotischer Haufen von selbständigen Eigenbrödlern die kostbare Steuergelder für Kulturprojekte verbraten würden die gerade in diesen schweren Zeiten dringend gebraucht werden um die Büros der Kulturbeamten zu heizen die sich akribisch um das kulturspezifische Wohl von Kulturinstitutionen kümmern meine Damen und Herren ich will es einmal in aller Deutlichkeit sagen wir können nicht zulassen daß das Budget für Kultur von Kulturschaffenden verheizt wird die einfach irgendwelche kulturellen Ideen umsetzen wollen von denen wir gar nicht ermessen können inwiefern sie die historisch gewachsene Kulturlandschaft tatsächlich bereichern oder nur ruinieren denn an der obersten Stelle nach dieser schrecklichen Pandemie wird der Erhalt des Kulturamtes mit allen Mitteln der Kultur gegen die unkontrollierbare Kreativität von visionären Freischaffenden innovativ verteidigt damit der interessierte Bürger auch morgen noch weiß wo er die Kulturbeamten auffinden kann wenn er eine verzweifelte Frage bezüglich des Kulturprogramms seiner Stadt hat das das Kulturamt programmatisch bewirbt und dadurch garantiert daß die Kultur in den

Augen der Öffentlichkeit als ein nachhaltiges kulturelles Gut wahrgenommen wird das bewahrt und gepflegt werden muss indem möglichst viele Beamte im Amt arbeiten wo die Kultur erst zur Hochkultur aufblühen kann weil wirklich alle an einem einzigen Strang ziehen und das ist der demokratische Begriff von Kultur wie wir ihn traditionell demokratisch begreifen ein Hoch auf das örtliche Kulturamt ein Hoch auf die vielbeschäftigten Beamten ein Hoch auf all jene Kulturinstitutionen deren engagierte Kulturvertreter im Kulturausschuss die richtigen Kulturempfehlungen an das Kulturamt abgeben damit Du und ich im Kulturalltag davon profitieren daß das Kulturamt dafür Sorge trägt daß alle Institutionen über genügend Mittel verfügen um das Kulturamt und seine Beamten zu fördern ein Hoch auf die vielen vereinfachten Förderanträge die einen klimaneutral kurzen Dienstweg erlauben wir machen Kultur wir kontrollieren das Klima wir regeln die Kreativität über Generationen hinweg wir verwalten die Kunst und wir schätzen unser Kulturerbe durch alle Gesellschaftsschichten hindurch weil wir den Auftrag gesetzlich vom Volk erhalten haben HOCH HOCH HOCH!

SPRACHFETISCHISMUS

von meiner person werden sie niemals betrogen hinters licht geführt
für dumm verkauft aufs kreuz gelegt zum narren gehalten aufs glatteis
oder an der nase herum geführt und dann auf den arm genommen
ich verfüge über keinerlei mittel um ihnen einen bären aufzubinden
ein schnippchen zu schlagen und sie danach auf die schippe zu
nehmen um sie über die klinge springen zu lassen denn eine solche
spontanbeerdigung brächte auch mich in verlegenheit darum bitte
ich sie mir zu glauben ich möchte sie keineswegs irgendwie im
geringsten verhohnepiepeln vergackeiern veralbern verunsichern
verhöhnen verärgern verspotten hereinlegen vorführen anschmieren
irreführen täuschen necken sticheln hänseln frotzeln foppen flachsen
oder mich womöglich lustig machen über den nationalen literatur-
kanon aber sollten sie trotzdem das unangenehme gefühl nicht
mehr loswerden daß es sich bei diesem gedicht hier um keine ernst
gemeinte lyrik handelt sondern ich das land der digitalen dichter dem
gespött preisgebe pflaumen sie mich bitte ehrlich an ich werfe dann
mit hohlen äpfeln aus dem glashaus zurück und vielleicht können wir
sogar gemeinsam einen einzigartigen obstsalat erfinden der ganz
anders schmeckt als alle bekannt gewordenen bisherigen aber das
wäre wahrscheinlich ein kleines wunder zu viel für den deutschen
literaturbetrieb und fällt dann unter die kategorie *"gesunde gedichte"*
die nicht im lyrikregal da hinten in der ecke stehen sondern da vorne
am ausgang auf den großen tischen ja ja genau da wo sich die geilen
kunstkalender lebensratgeber thematischen anthologien sexy yogastile
skandalbiografien von bundeskanzler:innen und bestsellerromane von
fußballlegenden befinden ich kann gerne mitkommen falls sie sich
unsicher sind nein nein das ist gar nicht lächerlich man verläuft sich
leicht in einer derart riesigen buchhandlung und es passiert äußerst
selten daß überhaupt jemand nach poesie oder so sucht doch
doch das können sie mir wirklich glauben ich weiß wovon ich rede!

VER(SCH)WUNDEN

menschen quetschen sich
geduldig in der straßenbahn
auf die erlösung wartend durch
ein rhythmisches piepen alle
im gemeinsamen wissen um
ihr unentrinnbares schicksal
auf der rolltreppe des lebens
gleiten sie lautlos dicht
gedrängt nach unten immer
weiter runter bis an den
dunklen boden der tatsachen
die sie schon immer ahnten in
der letzten leere der dunklen
allerhintersten dunkelheit
thront kein gott an einer pforte
ins licht sondern die eigenen
füße werden vom schwarzen
loch derart gekrümmt daß jeder
als letztes die eigenen fußsohlen
direkt vor der eigenen nase
sieht bevor das wort "*eigentum*"
keinen sinn mehr macht

RESET AM NULLPUNKT
(SELBSTLÄUFERHIRN)

das ende war nah
die überraschung groß
bin wieder aufgewacht
hier is was los! ich:
hatte nur geträumt,
die ärzte hätten mich
OPERIERT – aber die
schwestern spaßen
als sei nichts passiert
doch doch, minimal
invasiv durch das zeit-
loch hindurch wurde
alles im innenraum
inspiziert und repariert
aber der älteste schmerz
blieb unerklärlich aus
medizinischer sicht ist
wieder alles organisch
ok diese stiche im bauch
bleiben wahrscheinlich
ein lebenslänglicher
mystischer brauch der
den feinen unterschied
zur maschine darstellt
deren hauch an algo-
rithmischer intelligenz
keine unlogischen
komplikationen kennt

VORWEGNA[H]ME

mein besuch auf diesem planet
ist bald um meine zellen zerfallen
schon unbemerkt zu einer gespens-
tischen nutzlosigkeit mein gedächtnis
erinnert sich an den übergang vom
analogen zum digitalen zeitalter mein
freier geist feiert noch immer die
gegenwart des unendlichen in allen
momenten (was sollte er auch anderes
tun da doch nichts anderes zum feiern
auffindbar ist?) und die person mit
dem namen (T)OM denkt an all jene
menschen die trotz der galaktischen
gesamtsituation völlig verbohrt und
verpeilt durch die gegend torkeln und
meinen mit ihrem egoismus und ernst
"herr der lage" zu sein dieses gedicht
wird mit jeder verfluchten zeile unun-
unlyrischer hauptsache ich sterbe nicht
mittendrin denn von unvollendeter
weltliteratur wird die welt nicht ge-
sünder ich stopfe mit einem letzten
reim eure entkörperten münder

GLASFASERLYRIK
(FORDERUNG NACH FÖRDERUNG)

ich erhalte dieses jahr den sehr berühmten nobelpreis
für literatur sagte mir jemand vor einer weile
seitdem warte ich auf den sehr legendären anruf
aus dem hohen norden um zu erfahren
wegen welchem werk ich auserwählt wurde
ich bin ein von natur aus neugieriger mensch
im sinne von wissbegierig darum bereitet mir diese frage
kopfzerbrechen aber schön ist auf jeden fall dass ich endlich
wieder freunde habe ich meine ECHTE FREUNDE nicht nur
solche die sich gerne mit einem berühmten freund schmücken
sondern politiker, professoren, direktoren und dekane und
noch viele weitere sehr wichtige personen und persönlichkeiten
die ich alle sehr persönlich kenne und nun regelmäßig treffe
weil wir immer irgendwo gemeinsam in der ersten reihe sitzen
wo man ja genügend zeit zum plaudern hat
bevor man selber auf die bühne muss um
all den falschen freunden in der letzten reihe
mit elaborierter ausdrucksweise die komplexen argumente
auszubreiten die zu der entscheidung führten
wegen der man nun in die geschichte eingeht
ganz im gegensatz zu all den minderwertigen kollegen
aus der subkultur und undergroundliteratur
die nichts bedeutsames auf die kette kriegen
weshalb sie ja auch nicht den echten nobelpreis erhalten
sondern ich der superdichter übersetzer stipendiat und
büchner-, bachmann-, brinkmann-preisträger
der jetzt endlich für die werke so gewürdigt wird
wie sie es auch verdienen denn es sind eindeutig
superwerke für einen superkulturbetrieb mit einer
superstaatskulturbeauftragten die mich jetzt sehr interessiert
zu meiner sehr ungewöhnlichen biografie befragt
deren erstausgabe ich für sie signiere
im hintergrund winkt mir ganz aufgeregt
ein mensch aus der berühmten masse zu
als ich in diese goldene stretchlimousine steige
höre ich noch aus der ferne wie sie ruft:
DU KLEINES ARSCHLOCH HAST MICH WOHL VERGESSEN!

das muss eine sehr geniale dichter:in gewesen sein
geht mir spontan durch meinen kopf wo
die drei ersten wörter hin und her geschleudert werden
bis mir endlich ein brauchbarer titel dafür einfällt:
"**VORLIEBE**" und ich erinnere mich jetzt an diese dame
sie schrieb immer schon sehr gute 3-wort-ultrakurzgedichte
aber dieses war wahrscheinlich ihr absolut allerbestes:

DU
KLEINES
ARSCHLOCH

in meiner sehr gelobten nobelpreisrede plädierte ich daraufhin
für eine rückbesinnung auf die reduktion aufs wesentliche
und schlug vor nur jene schriftsteller in zukunft noch zu fördern
die wirklich alles in 3 wörtern sagen können in der
sogenannten *lyrikszene* regte sich ein gewisser widerstand
empörung über meine angebliche amtsanmaßung
machte sich an literaturinstituten breit und den
dazugehörigen lektoren und verlegern denn
sie wollten weiterhin romane publizieren weil man
aus 3-wort-gedichten keine bestseller generieren kann
die einzigen die meinen vorschlag mit kusshand unterstützten
waren all die vielen digital native schüler die nun nicht mehr
Rilke Goethe Heine oder zeitgenössische gemüsedichter
in der doppelstunde deutsch durchlesen müssen
sondern nur noch ein paar ausgewählte 3er
die sich leicht in der klausur interpretieren lassen
außerdem erhalte ich seitdem sehr schöne heiratsanträge
von deutschlehrer*innen die von meinem preisgeld
eine schnelle leitung kaufen möchten

für Dirk Boeckel & Klaus Sievers (24.Nahbellpreisträger)

REZITATION

ist dir
eigentlich
aufgefallen
daß ich
diesen text
völlig fehlerfrei
eingesprochen
habe?

(RE:)ZITAT(ION)

ist dir
eigentlich
aufgefallen
daß ich
diesen text
völlig fehlerfrei
AUFGESCHRIEBEN
habe?

für Marvin Chlada

VOLLENDUNG

ich wünsche
mir für
dieses gedicht
daß ich
nicht vor der
letzten zeile
sterbe

APPLAUSPARADOXIE
(DAS KOAN DER LYRIKSZENE)

eine sehr selbstbewusst wirkende
schnöselmafia altgewordener
nachwuchsautoren mit eigenen
verlagen und eigenen rezensenten
für die eigenen anthologien mit
preisträgern aus literaturinstituten
und neuen nachwuchsautoren
(die eigenen kinder)
deren leserschaft auf der bühne
steht als alle beteiligten nochmal
beklatscht werden sollen die stille
im zuschauerraum war sensationell
die zeitungen berichteten von der
erfolgsgeschichte aus dem literatur-
festival wird jetzt eine reihe die
stadt investiert eine halbe millionen
das land bezuschusst mit der
anderen hälfte hier wird literatur-
geschichte geschrieben hier
werden lyrikmillionäre gemacht
hier wird der literaturkanon nicht
nur gerettet sondern sogar um
eine ganze generation erweitert
und dann als nobelpreisverdächtig
empfohlen wer macht das rennen
wer schreibt das gewinnergedicht
es bleibt bis zum letzten atemzug
spannend bleiben sie auf sendung
wir sind gleich wieder für sie da
es folgt jetzt die werbung
(kooperationspartner)
und im anschluss daran der
wetterbericht aber eins steht
bereits heute fest:
es wird heiß!

TALENTIERTE MITSCHRIFT
(IM BANN DES BANNERS)

ich habe hunderte lesungen gemacht die
nicht dokumentiert wurden und darum
in vergessenheit geraten sind obwohl sie
zu meinen besten zählen darunter auch
spontan am mikrofon erfundene texte über die
das publikum noch später begeistert diskutierte und
der veranstalter mir nicht glauben wollte daß der text
weder in einer meiner publikationen nachlesbar ist
noch von mir "auswendig" vorgetragen war sondern
NICHT MEHR EXISTIERT weil er wie bereits erwähnt spontan
auf der bühne entstand indem ich die besten gedanken
durch die erwartungsvollen blicke der leute empfing
in deren augen das ganze universum zur sprache kam und
auf der elektronischen leuchtschrift meiner inneren leinwand
erschien so daß ich die sätze und wörter nur ABLESEN brauchte
ohne mir den kopf darüber zu zerbrechen was man in diesem
moment erzählen könnte um als literarischer held gefeiert zu
werden auf diese weise habe ich auch mein schriftliches werk
einfach "mitgeschrieben" wenn die gedanken aus dem nichts
auftauchten anstatt dem verkrampften versuch zu verfallen
ein gutes gedicht ohne mithilfe der leere selbst zu verfassen
das kann ich ebenso wenig wie ein perspektivisch verjüngtes
pferd von hinten zu malen wodurch sich der titel und das
automatische ende dieses gedichtes von selbst ergeben
zumal ich das unbefleckte papier bis zum äußersten
rand derart vollgekrickelt habe daß schlichtweg
keine weitere zeile mehr hinpasst. PUNKT

HEI-ZEN
(GEISTREICHER SCHUSS NACH HINTEN)

ich bin der
humpelnde hase
die hinkende krähe
der hungrige fuchs
und der hilflose heilige
ich bin das gespaltene
weltall die verglühende
sonne der halbe mond
und die enttäuschte liebe
das verzweifelte leben
der vertrocknete rasen
die verwelkende sehnsucht
das wunschkonzert ohne
musiker und die kirchenglocken
ohne gott der gefährliche
dichter mit aalglatten gedichten
der maler ohne bilder
der bildhauer ohne stein
und der steinige weg durch
das lauwarme wasser
ich bin der krüppel die alte
der schwer demente der
geburtsschaden und ich bin
auch der viel zu frühe tod
die unheilbare krankheit
der popstar professor oder
das plankton die galaxie eine
sensation und die langeweile
der namenlose gegenstand
das gehirn und die augen das
ungeplante verbrechen ich
bin sogar die unerreichbare
nähe die absolute entfernung
das paradoxon und der klon
ich bin der krankenwagen
das größte tatü tata und
der schnellimbiss mit

kleinen mittleren großen
und spezial portionen XXL
und wenn ich will bin ich
darüber hinaus sogar alles
was mir nicht einfällt weil
es durch meine adern fließt
mein bewusstsein verändert
bevor ich klar denken kann
und die zellkerne antriggert
ich bin der verrückte auf
verlorenem posten der
hochnäsige ohne blassen
schimmer der subversive
ohne programm der gute
bürger der flüchtling
der terrorist der politiker
der letzte künstler das
letzte buch der allerletzte
gedanke der herzstillstand
bevor ich mich aufrege die
krankheit ohne symptome
der präsident ohne armee
die partei ohne mitglieder
die polizei ohne blaulicht
das einmaleins ohne zahlen
der lehrer ohne lehre und
manchmal ein witz ohne
pointe oder eine ente die
keine lust mehr zu quaken
hat weil es winter wird

KEIN STERBENSWÖRTCHEN
(KOSMISCHES KARUSSELL)

achtung das ist jetzt nicht
witzig (obwohl für erleuchtete
ein echter kosmischer witz) ich
werde sterben ja ich werde sterben
auch ich werde irgendwann
ganz plötzlich sterben eines tages
werde ich an einem tag wie jedem
andren wenn die sonne scheint
der regen plätschert und sich
der saharasand mit blütenstaub
vermischt an solch einem tag
werde ich keinen neugeborenen
mehr schreien hören die soldaten
nicht mehr kämpfen sehen und die
schönheit von AI gesichtern nicht
mehr mit den operierten models
verwechseln denn ich werde
einfach nicht mehr da sein um mir
tagesschau & tiktok reinzupfeifen
denn ich werde tot sein mausetot
mucksmäuschenstill ich werde
ziemlich sicher voll und ganz mit
haut und haar ins gras gebissen
haben die gesamte wiese mit den
zähnen abgemäht ich werde
endlich sowas von erlöst sein
diesen affenzirkus von realität
nicht mehr ertragen müssen
keinen pieps mehr tun kein
sterbenswörtchen mehr über die
lippen bringen kein gelächter mehr
aus diesen lästermaul das große
verstummen hat dann absolut
irreversibel begonnen und hört
niemals wieder auf es ist vorbei
die asche wirbelt wehrlos in die
dunkle brandung am vulkanstrand

wo wir einst das lieben übten jetzt
hat dieses weltall ein paar
unbequeme augen weniger um
sich beim unendlichen sein selbst
über die schulter zu schauen aber
das stört all die galaxien nicht
beim sturz in ihre schwarze mitte
in der zeitung steht ein gerahmter
ganzseitiger platzhalter für die
unnötige anzeige denn der frisch
verstorbene war schon
verschwunden als der tod ihn
holen wollte niemand da der
sensemann erhält die prämie nicht
kein name kann nun in den stein
gemeißelt werden und der freie
platz im paradies wird wieder neu
verlost die tombola hypnotisiert
die zombies und zaungäste aus
der hölle beste und beliebteste
von gott organisierte afterparty

EIGNUNGSTEST

dieses gedicht eignet sich
definitiv nicht für den nobelpreis
da es von sich behauptet daß
es sich nicht im geringsten
für den nobelpreis eignet
was noch zu prüfen wäre

WARUM MICH POPLITERATUR ANEKELT
(EIN PLÄDOYER FÜR ALAN WATTS & ANTONIN ARTAUD)

Mein radikal selbstehrliches Therapietagebuch *"MEHR JETZT"* (Leseprobe @ www.therapietrip.de) dokumentiert den Höhepunkt meines spirituellen Leidensweges über mehrere Jahre hinweg (mitsamt psychosomatischen Klinikaufenthalten) und mündet 2014 in einer unerwarteten *"Erlösung"* von den geistigen und organischen Konflikten dank der Psychopharmaka-induzierten (nicht durch Meditation oder andere esoterische Techniken!) TOTALEN DISIDENTIFIKATION von den geistig-intellektuellen Ursachen. **Was in der Spiritualität gerne religiös überhöht als *"Erwachen"* bezeichnet wird, ist nichts weiter als das Wegfallen der Identität als Person, die sich permanent selber zuhört, was ja in unserer Zivilisation als normal und gesund gilt (weil als *"stabiles Ich"* definiert), aber von mir in der Publikation als die eigentliche URSCHIZOPHRENIE DER OBJEKTKULTUR bezeichnet wird.** Darüber habe ich später nochmal den expliziten Reader *"DAS TABU DER PSYCHIATRIE"* verfasst (Leseprobe @ www.über-ich.de), um zu verdeutlichen, inwiefern die klassische Psychiatrie nicht dabei hilft, *"spirituell aufzuwachen"*, sondern im Gegenteil darum bemüht ist, Deine Ich-Illusion immer schön weiter zu pflegen, weil nicht-transpersonal orientierte Psychotherapeuten (wobei sich einzelne als *"transpersonal"* etikettierte Richtungen als pseudo-nondual ideologische Überhöhung des *"leeren Beobachters in der leeren Mitte"* zu einem neuen imaginären Meta-Ich entpuppen!) selber nicht *"mehr"* wissen und darum ihrer eigenen Ich-Gläubigkeit verfallen sind. Ja, ganz genau: **es handelt sich um ein Glaubenssystem, aber nicht um irgendein spezielles, sondern das eigentliche, ursprüngliche, auf dem die gesamte Zivilisation mit all ihren unterschiedlichen Kulturen beruht!** Das klingt vielleicht etwas drastisch, aber genau das ist es auch und darum quasi komplett tabuisiert! Religionsphilosophen wie ALAN WATTS, dessen 50. Todestag wir in diesem Jahr am 16. November 2023 betrauern, haben der Aufklärung über diesen kollektiven Selbstbetrug ihr ganzes Leben gewidmet. Aber die wenigen heutigen als unglaublich *"progressiv"* bezeichneten Neuro-psychologen, die in ihren vollmundigen Bestsellern das Rad der Ichlosigkeit neu erfinden wollen, verschweigen die fundierten Resultate von **Alan Watts, der selber Bestseller-Autor war und dessen über 20 Bücher auch heute noch lesenswerter sind als das ganze Lebens-ratgeber-Blabla zeitgenössischer Doktoren und Professoren**, die das tieferliegende Thema trotz ihrer Titel komplett verfehlen. Der darin liegende doppelte Skandal besteht in der Tatsache, daß den wirklich nach *"letzten Wahrheiten"* suchenden Menschen nicht nur die Entdeckung der Ichlosigkeit vorenthalten wird, sondern **daß sich viel mehr Bücher verkaufen lassen, wenn das jammernde Leser-Ich mit des Kaisers neuen Ego-Rezepten umschmeichelt und gefüttert wird.** Aber zurück zum ursprünglichen Thema, denn das hier interessiert keine Sau. Also, bei Dir haben die Ärzte auch eine *"Somatoforme Schmerzstörung"* diagnostiziert? Die kann sich in diversen Symptomen äußern, wie z.B. einem punktgenauen Schmerz an einer speziellen Körperstelle, die seit Jahren in der Alltagsroutine durch subtile Dauerverspannung überansprucht wird (u.a. Schulter, Nacken, Lenden mit Tendenz zum Hexenschuss) oder durch ein jahrelang verschlepptes/verdrängtes Trauma (in meinem Fall z.B. der psychotische Autounfall 1992 mit *"energetischer Marienerscheinung"*) reaktiviert wurde. Nicht selten entwickeln sich Reizdarmbeschwerden und irgendwelche Nervenstörungen. Mein eigenes häufigstes *"Syndrom"* (im Sinne von einem GESAMTGEFÜHL durch Probleme in mehreren Körperregionen) nach einer zu langen Stressphase hochkonzentrierter Arbeit mit zu wenig Schlaf bei falschem Biorhythmus lässt sich so beschreiben: *"total matsche"* mit undefinierbarem dumpfen Ganzkörperschmerz, dazu einzelne Wirbelschmerzen, überall Verspannungsschmerzen (bis in die Fingerspitzen), Beinkrämpfe (Waden- und Oberschenkelmuskulatur), Fahrigkeit/Zittrigkeit (Vorsicht bei Porzellan!), Nervenflattern (Reizbarkeit, Schreckhaftigkeit, Weinerlichkeit, Angstschweiß, niedrige Resilienz), erhöhte Schallempfindlichkeit (mit akutem temporärem Tinnitus) und *"plemplem im Kopf"*. Früher kamen noch die psychotischen Gedankenkreisel, -strudel, -schleifen (von der Psychiatrie so etikettiert) hinzu, die heutzutage dank der (leider schwer erklärbaren) Disidentifikation von der personalen Ich-Stimme nur noch manchmal leise aus der Ferne (als Echo aus der paranormalen Jugend, das Echo der ichhaften Stimme verzweifelter Suche nach letzten Antworten) hörbar werden, wenn sich die Aufmerksamkeit zufällig auf die automatischen inneren Gedankenströme richtet. **Warum erforschen nicht viel mehr Akademiker dieses seltsame, ein bisschen spooky wirkende Spezialgebiet der Ichlosigkeit als real-geistigen Zustand anstatt es den esoterischen Fanatikern zu überlassen, was zu neuen absurden Stigmatisierungen von ichlos lebenden Menschen führt! Die einzigen Menschen, die es in dieser Gesellschaft psychisch leicht haben, sind die brav angepassten Egos, die das Gift widerkäuen, das ihre Kultur ins Essen mischt.** Wer sich von diesem Gift befreien will, wie der französische Dichter ANTONIN ARTAUD, landet ironischerweise in der Psychiatrie – das ist der wirklich schockierende Skandal unserer Zivilisation, die das Klima, die Artenvielfalt und sich selbst zerstört, weil sie ihrem idiotischen Selbstgerede glaubt, dieser Massenhypnose, mit der wir unsere Kinder bereits so früh wie möglich beschallen. Und ja, richtig geraten: "beschallen" ist eine Anspielung auf den Roman "Schöne Neue Welt" von ALDOUS HUXLEY, in dem nicht geboren wird, sondern die Embryos mit ihren zukünftigen Bedürfnissen hypnotisch beschallt und dann entkorkt und in das System eingegliedert werden. Lasst Eure Korken im Kopf fliegen, solange noch echter Kork auffindbar ist! Der Untergang der Titanic war gar nichts gegen den Untergang eines kompletten Bioraumschiffs, das sich bei maximaler Fluggeschwindigkeit um die Sonne innerlich einfach in aller Seelenruhe zersetzt. **Der Mensch als Seuche und Säure der Evolution – was für eine Metapher, das muss als Literatur gefeiert werden! Feiern wir also unseren eigenen Untergang und die dazugehörige Literatur. Zu mehr ist die Menschheit nicht fähig...**

MEINE "De"-DORFER CHRONIK 1994-2023

Das Lesungsprojekt **"POESIEPANDEMIE: LYRIK LEBT WEITER!"** (LyrikLebt.de) fragte die 4 Autoren, darunter der Kurator Tom de Toys, geboren in Jülich, wohnhaft in Eller Süd: **"WAS VERBINDET DICH MIT DÜSSELDORF?"**

:De Toys listet auf, wo er involviert war

1994: Performance mit Felixhelix (Cello)
in der Gehry-Baugrube, Kunstschleuse (Medienhafen)
1994: Lesung mit stan lafleur, Tigges
1995: **"DER WAHRE UNDERGROUND"**, Kanalisation
1995-1996: Kunstprojekt **"Space Indians International"**, Garath
1996-2009: Band **"Das Rilke Radikal"** (DR²), gegründet in Oberbilk
1996: Plakatwand **"Künstler gegen Ausländerfeindlichkeit"**
mit Tom A. Hawk, Meerbusch
1996: Lochismus-Objekt für die Ausstellung **"DIE DÜSSELDORFER"**
& zur Finissage: DR²-Performance, Kunstpalast
1996: Ausstellung im Stadttor-Rohbau (Helmut Martin-Myren)
1997: **"Maultrommel"**-Poetryslam, Zakk
1998: DR²-Tour: u.a. Schlonz, Grenzenlos, Modigliani, Johanneskirche
1999: CD-Produktion DR2 **"freies fleisch"**, Studio Rusbee
2007: Ausstellung **"POP AM RHEIN"**, Heinrich-Heine-Institut
2009: Poetryslam **"Poesieschlacht"**, Zakk
2010: Opener mit Vogt-Lyrik, **"Poesieschlacht"**, Zakk
2013: **"100TPC"**, Bauwagen der Demokratie
2014: 3.Platz, **1.Düsseldorfer Philosophy Slam**, HdU
2014: Steckbrief für Portal **"Literaturstadt Düsseldorf"**
2015: Foto-Ausstellung, Bau- und Liegenschaftsbetrieb NRW
2017: Organisation+Moderation des **3.Offlyrik-Festival**s **"LYRIK LEBT!"**, HdU
2014-2022: Jahresausstellungen, Düsseldorfer Künstler e.V.
2023: **"POESIEPANDEMIE: LYRIK LEBT WEITER!"**, Stadtteilbücherei Wersten
& DR²-Revival im Livestream zum 3.Jubiläum von **WERSTEN TV**
& **Pamphlet zur Rettung der Kulturämter** *live*, Büdchentag

www.NEUROGERMANISTIK.de

YouTube-Playlist für "Das Rilke Radikal" @ www.PoesiePerformance.de